Los Hombres que Dios llamó

Los Hombres que Dios llamó

-Felipe -Isaías -Jeremías -Job
-Judas Iscariote -Mateo

———————— 5 DE 7 ————————

MARY ESCAMILLA

Número de Control de la Biblioteca del Congreso de EE. UU.:   2020917857
ISBN: Tapa Dura   978-1-5065-3425-1
          Tapa Blanda   978-1-5065-3424-4
          Libro Electrónico   978-1-5065-3423-7

Información de la imprenta disponible en la última página.

Fecha de revisión: 22/10/2020

Para realizar pedidos de este libro, contacte con:
Palibrio
1663 Liberty Drive
Suite 200
Bloomington, IN 47403
Gratis desde EE. UU. al 877.407.5847
Gratis desde México al 01.800.288.2243
Gratis desde España al 900.866.949
Desde otro país al +1.812.671.9757
Fax: 01.812.355.1576
ventas@palibrio.com
820097

ÍNDICE

Felipe

Hechos 8:26-39

PRÓLOGO

¡Qué extraordinario!, qué privilegio tuvieron y siguen teniendo los hombres llamados por Dios, ya que en verdad es de excelencia servirle a Él y ser usados del mismo modo, con un propósito que Él tiene para la vida de cada uno de los llamados grandes hombres, grandes apóstoles, ministros, pastores, profetas, maestros evangelistas, adoradores, servidores

Ellos son los verdaderos discípulos de Jesucristo, esos hombres llamados que le sirvieron y le sirven de una manera particular e íntegra porque son sacerdotes escogidos por Dios para predicar su Palabra y la Sana Doctrina del Real Evangelio de Jesucristo, el Hijo de Dios. Es único, una verdadera honra servirle a Él.

Es un privilegio el llamado de Nuestro Señor Jesucristo, fue algo maravilloso ser llamado por Dios para ser el Salvador del Mundo. Ahora tú eres llamado por Él, así como:

El rey David fue llamado a vencer a Goliat.
Abram fue llamado para bendecir a otros discípulos.
Jacob fue llamado a poseer la tierra y tener muchos hijos.
Daniel fue llamado a ser un profeta de Dios.
Enoc fue llamado a ser justo y caminar con Dios.

Isaac fue llamado a ser la promesa de Dios y la alegría de sus padres.

Moisés fue llamado a ser el mensajero de Dios y oír su voz.

José fue llamado a ser el soñador y gobernar a Egipto.

Josué fue llamado a llevar al pueblo de Dios, pasar por el desierto y entrar en la Tierra Prometida.

Pablo, el último de los apóstoles, fue llamado a predicar el Evangelio de Jesucristo ante multitudes para convertirlos.

Pedro fue llamado a ser amigo de Jesús y pescador de hombres.

Job fue llamado a ser varón perfecto, temeroso de Dios, y aceptó la voluntad de Él.

Mateo fue llamado a ser evangelista de Jesús.

Lucas el escribió el evangelio que lleva su nombre en el nuevo testamento

Habacuc fue llamado a ser el profeta de la fe y la esperanza de salvación.

Andrés fue llamado a seguir a Jesús.

Felipe fue llamado directamente por Dios a ser su discípulo.

Santiago fue llamado a ser hermano de Jesús y escribir el libro del Nuevo Testamento.

Juan, el más joven discípulo y muy amado por Jesús, presenció milagros realizados por Él.

Salomón fue llamado a ser rey y a pedir al Altísimo Padre Celestial, sabiduría y ciencia para gobernar a su pueblo.

Sansón fue llamado a cumplir el propósito de Dios, que fue salvar a Israel de los filisteos.

Ezequiel fue llamado a ser profeta y guía moral, que enseñó y guio espiritualmente al pueblo de Israel.

Isaías fue llamado a ser asesor de reyes y basado en la Escritura los ministró. Asimismo, fue un gran y excelente orador.

Zacarías fue llamado a escribir El Antiguo Testamento, asi como el libro del mismo nombre, Zacarías.

Jeremías fue llamado al arrepentimiento del pueblo de Judá, al cual persuadió que se volvieran a Dios.

Joel fue llamado a profetizar respecto a la plaga de langostas que vendrían al pueblo si no se arrepentían.

Jonatán fue llamado a ser valiente y amigo del rey David, y fue vencedor de Gabaa.

Jonás fue llamado por Dios a ir y llamar al arrepentimiento a una ciudad pagana y, aunque huía del Señor, nunca quiso escapar de Él. Sin embargo, al final fue obediente.

Juan "El Bautista" fue llamado a bautizar a Jesús de Nazaret.

¡Qué privilegio!, asimismo tú atiende a tu llamado y escucha la voz de Dios.

EL LLAMADO DE FELIPE

Era originario de una ciudad llamada Betsaida de la región de Galilea, tuvo el gran privilegio de ser elegido por Jesús como uno de los doce apóstoles, recibiendo autoridad para realizar su llamado; también fue discípulo de Juan El Bautista.

"El siguiente día quiso Jesús ir a Galilea, y halló a Felipe, y le dijo: Sígueme.

¡Incomparable llamado!

Su llamado fue predicar el evangelio de Cristo y, al primero que le habló, fue a Natanael.

"Felipe halló a Natanael, y le dijo: Hemos hallado a Aquél de quien escribió Moisés en la ley, y también los profetas, a Jesús de Nazaret, el hijo de José." San Juan 1:45.

Luego Natanael se convirtió en un discípulo de Jesús.

Felipe fue probado por el mismo Jesucristo, cuando realizó el milagro de alimentar a los cinco mil.

También fue un hombre que preguntó cuando tuvo dudas, algunas veces fue imprudente e inoportuno, pero el Maestro nunca lo rechazó, siempre contestó a sus preguntas.

Del mismo modo Jesús nunca te rechaza a ti, Él te espera siempre con amor.

La Palabra dice que se reunió en Jerusalén a orar, después que Jesús ascendió a los cielos, para ser lleno del Espíritu Santo.

¡Fue tremendo, extraordinario hombre de Dios!

Un ganador de almas, se dice que murió como un mártir, siendo fiel completamente a su llamado.

De su llamado podemos aprender, que: Fue un verdadero discípulo de Jesús.

I-AL ANDAR CON JESÚS, VIO LO IMPOSIBLE POSIBLE.

Presenció muchos milagros de Jesús, uno de ellos fue la multiplicación de los peces y los panes, para alimentar a la gran multitud. Podemos ver a Jesús haciéndole una pregunta a Felipe para probarlo.

"Cuando alzó Jesús los ojos, y vio que había venido a él gran multitud, dijo a Felipe: ¿De dónde compraremos pan para que coman éstos?" San Juan 6:5.

Jesús le pregunta a Felipe para escuchar su respuesta, aunque Jesucristo ya sabía lo que iba a hacer; alimentar a ese pueblo que le seguía.

Asimismo, Felipe como todos los humanos, habló en un lenguaje natural.

"Felipe le respondió: Doscientos denarios de pan no bastarían para que cada uno de ellos tomase un poco." San Juan 6:7.

Este hombre llamado por Dios hace un cálculo matemático, eso mismo hacemos nosotros en las dificultades, donde o cuando pensamos que hay escasez, que no nos va a alcanzar, pero Dios hace lo imposible posible.

Y la respuesta que posiblemente haces en el tiempo de escasez es: No me alcanzará.

No, es imposible pagar todo.

Ya hice mis cuentas y no sé qué hacer.

¿Te estás identificando?

Dios quiere ahora aumentar tu fe y decirte que todo es posible si lo puedes creer, y que hay esperanza si confías plenamente en Él.

Lo importante es seguir las Instrucciones Divinas paso a paso.

Jesús lo primero que dijo fue:

"Entonces Jesús dijo: Haced recostar la gente. Y había mucha hierba en aquel lugar; y se recostaron como en número de cinco mil varones." San Juan 6:10.

Eso es precisamente lo que debes hacer en las dificultades y las necesidades que pueden agobiar tu vida.

Recuéstate y descansa, no te apresures a tomar decisiones que no están en el plan divino, las personas con dificultades financieras buscan opciones humanas, como por ejemplo; "voy a ocupar las tarjetas de crédito"… Y pagas por aquí, por allá y después, cuando vienen las presiones de los cobradores, te sientes que ya no puedes más; o quizá en la desesperación empiezas a pedir préstamos.

No sigas haciendo eso, busca su presencia y Él te guiará, la intervención Divina es la perfecta.

No tomes decisiones a la ligera, siéntate, analiza, preséntale al Señor tus necesidades y espera la respuesta de Él.

En esa ocasión era imposible alimentar a cinco mil personas… Un muchacho había llevado dos pececillos y cinco panes, y los puso a disposición de Jesús, ¡pero eso no era suficiente!

¡Pero hay buenas noticias, Jesucristo hace lo imposible posible!

Luego Felipe observó a Jesús cuando tomó los panes, los peces y dio gracias, luego los repartió a sus discípulos y ellos a la multitud que estaban recostados en la hierba.

Esto nos enseña que cuando estamos en su presencia, escuchando su voz y deleitándonos en su Palabra, sucederán cosas maravillosas. En los momentos de angustia, desesperación y escasez, debemos estar quietos, reposados y esperar así la dirección de Él Y todo llega a tiempo y fuera de tiempo.

Esa es la llave para ver cualquier milagro en tu vida.

Vemos que Jesús les dio de comer a miles de personas y que aún sobraron 12 cestas de pedazos. La orden de Jesús fue:

"...Recoged los pedazos que sobraron, para que no se pierda nada." San Juan 6:12.

Los discípulos obedecieron y Felipe quedó asombrado al ver que sus cálculos matemáticos no estaban sincronizados en la mente de Jesucristo, porque nuestra mente es limitada, pero Él es Omnipotente, todo lo puede hacer, Omnisciente, todo lo sabe, y es Omnipresente, o sea que está en todo lugar, nadie se puede esconder de Él, porque nuestra mente es finita pero la de Él es infinita.

Dios va más allá de tu mente, deja de pensar a tu manera y querer resolver tus problemas bajo tus propios pensamientos, ya que Él quiere darte sobreabundante, más de lo que tú piensas.

No sigas diciendo o declarando; "¡no me alcanza!", porque solamente Él sabe cómo resolverá esa situación. Sólo créele a sus promesas.

¿Qué problemas tienes sin resolver, que te han quitado el sueño?

¿Los problemas entre tu pareja.

Los problemas del trabajo.

Los problemas emocionales.

Los problemas mentales.

Los problemas en tu negocio.

Los problemas sicológicos.

Los problemas como líder.

Los problemas de los hijos.

Los problemas financieros.

Los problemas familiares.

Los problemas de los nietos?

No importa lo que sea, Dios tiene la respuesta para todos tus problemas.

No te desalientes.

No claudiques.

No te desanimes.

No te canses.

No te desesperes.

No te impacientes.

No te apresures.

No te afanes.

No sigas haciendo cálculos humanos.

No confíes en tus propias capacidades.

¡Descansa!

Confía solamente en el que Todo lo puede hacer, recuerda que si aún no le has entregado tu vida a Él, hoy lo puedes hacer. Él quiere que en los momentos en que más dificultades estés atravesando, lo puedas conocer como el Dios proveedor y sustentador de todas las cosas.

Por otra parte, basta ya de estar sufriendo por no entregarle tu vida entera a Él. Recuerda: Jesucristo vino a la tierra enviado por su Padre Celestial para que fueras libre de la opresión de las tinieblas, reconócelo hoy como tú salvador y empezarás a vivir en el mundo del espíritu, con Él a tu lado siempre.

Deja ya de confiar en el mundo, en las personas, en los ministerios, en tu compañía o en tu propia prudencia. Única y solamente, confía en el Padre, el Hijo y el Espíritu Santo.

II-FELIPE SE CARACTERIZÓ POR HACERLE PREGUNTAS A JESÚS.

Jesús les enseñaba a sus discípulos y también a las multitudes que le seguían, Felipe siempre estaba atento y le hacía preguntas cuando no entendía.

Antes que Jesús fuera a la Cruz les pidió que el corazón de ellos no se turbara, que no tuvieran temor, que creyeran en Él y en su Padre.

También les dijo que en la casa de su Padre había muchos lugares dónde morar, y que Él iba a preparar el sitio para que donde Él estuviera también ellos estuvieran.

¡Maravillosa promesa! ¡Qué gran esperanza, para todos aquellos que le den su vida a Él!

Jesús les declara que Él es el Camino, la Verdad y la Vida; y que nadie puede ir la Padre si no es a través de Él. Una verdad que en algunas iglesias no se predica.

Sólo hay un intercesor entre Dios y los hombres y Él es: Jesucristo, el Hijo de Dios.

Felipe, después de escuchar este mensaje, creyó que no había entendido lo que había escuchado, y le hace la pregunta:

"Felipe le dijo: Señor, muéstranos el Padre, y nos basta."

Así mismo están muchos en este mundo, han caminado con Jesús por mucho tiempo pero aún no le conocen, porque viven en tinieblas y no quieren ver la luz.

¡Qué tristeza!

Pero éste es el día que puedas tener un verdadero encuentro con Él y atender a tu llamado, sea cual sea, está atento.

Si en tu caminar has escuchado de un Dios que aún no conoces y que todavía no habita en tu corazón, ríndete hoy a Él y tu vida cambiará, todo será diferente, verás la luz.

¿Lo quieres experimentar?

Ven a sus brazos este día y verás la luz en tu vida, esa luz que cambiará el destino de tu caminar.

Jesús le contestó a Felipe:

"¿Tanto tiempo hace que estoy con vosotros, y no me has conocido, Felipe? El que me ha visto a mí, ha visto al Padre; ¿cómo, pues, dices tú: Muéstranos el Padre?" San Juan 14:9.

Todavía los ojos de Felipe no habían sido abiertos espiritualmente, de igual manera el mundo está viviendo envuelto en la religiosidad, pero desconocen quién es su verdadero Dios, caen en el legalismo y no hay más ciego que el que no quiere ver y escuchar la voz de Dios, porque Él habla en su Palabra.

Otros saben muchos textos de la Biblia pero se encuentran de la misma manera, caminando en la oscuridad, porque la Palabra sólo se ha quedado en sus mentes y no ha bajado a sus corazones.

Muchos dicen creer en Dios; pero no quieren aceptar a Jesucristo como el salvador de sus vidas, porque tienen una enseñanza falsa.

Pero:

Éste es el tiempo del cambio.

Éste es el tiempo de conocerlo.

Éste es el tiempo que renuncies a la religiosidad.

Éste es el tiempo de salir de la esclavitud.

¡No sigas perdiendo el tiempo, el fin viene pronto!

Sin embargo, vemos la forma y la paciencia que tiene Jesús para contestarle a Felipe, asimismo tú puedes ir en oración y preguntarle a Jesús todas tus interrogantes.

Jesús, como el Maestro de maestros que es, le contestó haciéndole primeramente unas preguntas:

1- ¿Tanto tiempo hace que estoy con vosotros, y no me has conocido, Felipe?

2- ¿Cómo, pues, dices tú: ¿Muéstranos el Padre?

3- ¿No crees que yo soy en el Padre y el Padre en mí?

Las respuestas de Jesús hacia Felipe son para ti hoy:

1-Las palabras que yo os hablo, no las hablo por mi propia cuenta, sino son del Padre que vive en mí.

2-Creedme que yo soy en el Padre, y el Padre en mí; sino también creed por las mismas obras que hago.

3-Dijo también que el que creyera en Él, las obras que él haría, Él también las haría y aún mayores, porque Él iba al Padre.

4-Y que todo lo que pidieres al Padre en nombre de Él, lo haría.

Del mismo modo, así debes hacerlo, pedir en el nombre de Jesús.

Muy importante es que sepas que el Padre oirá las oraciones de aquellos que piden en el nombre de Jesucristo, a muchos les han enseñado que se puede orar a través de un santo o de una persona y eso es completamente antibíblico y falso, porque no está escrito en la Biblia, la Palabra de Dios.

La paciencia que Jesucristo tuvo para responderle a Felipe fue asombrosa, y la humanidad a través de los siglos, ha sido edificada con las respuestas que le dio a Felipe.

¡Qué gran ejemplo para todos nosotros!

¿Te falta paciencia para comprender y entender a tu cónyuge, a tus hijos o a las personas que te rodean?

Recuerda hoy que Dios puede dar esa respuesta ya que la promesa está dada, que todo lo que le pidas en su nombre será contestado; pero hay una condición, entregarle tu vida entera como lo hizo Felipe y tendrás las respuestas a toda interrogante.

¿Deseas recibirlo en tu corazón?, haz una oración y di:

Amado Dios, te doy gracias por haber enviado a tu Único Hijo al mundo a morir por mis pecados, reconozco que soy pecador (a), perdóname, me arrepiento y quiero que entres a lo más profundo de mi alma, te recibo hoy como mi único y suficiente salvador de mi alma, y quiero que escribas mi nombre en el Libro de la Vida, te lo pido en el nombre de Jesucristo. Amén, amén y amén.

La Vid

Si eres
Legalista,
Juzgador y
Acusador,
Eres un
Fariseo…
No un
Creyente.

Mary Escamilla
Dra.

La vida
Espiritual
Es oración,
Intercesión y
Guerra.

Mary Escamilla
Dra. ♥

La verdadera
Belleza está
En el corazón
Del hombre.

Mary Escamilla
Dra. 🖤

La Vid

La obediencia y
El sometimiento
Te llevan al
Reino.

Mary Escamilla
Dra. ♥

La Vid

Al Señor

Le gusta

El orden y

La obediencia.

Mary Escamilla
Dra. ♥

La Vid

Cuidado

Iglesia

De hacer

Acepción

De personas,

Porque Dios

Nunca lo hace.

Mary Escamilla
Dra. ❤

La Vid

Oremos por

El mundo

Entero y por

Cada una de

Las personas,

Porque son

Creación

De Dios.

Mary Escamilla
Dra.

Cásate
Para hacer
Feliz a la
Otra persona,
No para ser
Feliz tú.

Mary Escamilla
Dra. ❤️

La Vid

Los discípulos
Oran por todos
Los líderes e
Interceden
Por ellos.

Mary Escamilla
Dra. ♥

La Vid

Iglesia, no
Juzgues a
Tu pastor,
Mejor ora
Por él y
Ámalo.

Mary Escamilla
Dra. 💙

La Vid

El buen pastor

Vela y ora

Por las almas

Diariamente.

Mary Escamilla
Dra. ❤

Hijo, no te pongas

En rebelión con

Tus padres, eso

No le agrada a Dios.

Mary Escamilla
Dra. ♥

La Vid

El verdadero
Cristiano es
Un canal de
Bendición
Para los
Demás.

Mary Escamilla
Dra. ♥

La Vid

Busca las cosas
Que vienen de
Arriba, no persigas
Las de la tierra.

Mary Escamilla
Dra. ❤️

Señor, llévame

Contigo a morar

En la Nueva Jerusalén.

Mary Escamilla
Dra. ❤

Isaías

Isaías 53:3-5

EL LLAMADO DE ISAÍAS

Hijo de Amoz, Isaías fue uno de los profetas mayores, muy importantes en la Biblia. Se dice que descendía de una familia real.

En su llamamiento tuvo una experiencia gloriosa, ya que vio al Señor Todopoderoso sentado sobre un gran trono que era sublime y que llenaba el Templo; allí había serafines que exclamaban: Santo, Santo, Santo, Jehová de los ejércitos, toda la tierra está llena de su gloria.

¡Qué extraordinario ver al Gran Yo Soy, qué acontecimiento tan hermoso!

E Isaías se quedó perplejo ante tanta majestuosidad y gloria que estaba presenciando.

¡Maravilloso poder contemplar su misma presencia!

Asimismo, recibió de parte de Dios muchas visiones, la primera que se menciona es ésta:

"Visión de Isaías hijo de Amoz, la cual vio acerca de Judá y Jerusalén en días de Uzías, Jotam, Acaz y Ezequías, reyes de Judá.

Oíd, cielos, y escucha tú, tierra; porque habla Jehová: Crié hijos, y los engrandecí, y ellos se rebelaron contra mí." Isaías 1:1, 2.

Como pueden ver, Dios habla de una nación totalmente pecadora y rebelde. Luego la llama al arrepentimiento total, pero no sólo de labios sino de corazón sincero.

Isaías, un hombre llamado por Dios en un tiempo muy difícil, donde el pueblo no quería nada de Él y no fue fácil estar en medio de este tipo de personas, hubo ataques fuertes en contra de su vida, pero él se mantuvo firme predicando el mensaje que recibía de parte Dios.

Del mismo modo, así debes ser tú como discípulo del Señor.

Se casó con una mujer de Dios, que era profetisa. ¡Qué bendición!

Además, Isaías fue poeta y escritor, dotado con una gran imaginación, fue precioso ese talento que el Altísimo le dio.

El tema principal del libro de Isaías es: Jesucristo el Hijo de Dios, y la Santidad del Todopoderoso.

Su nombre significa: "Jehová es Salvación."

De este hombre llamado por Dios, podemos aprender tantas cosas y ante todo saber escuchar la voz de Dios, cuando Él nos llama a servirle, de Él recibimos la dirección e instrucción.

I-QUE ES NECESARIO TENER UN ENCUENTRO CON DIOS.

Muchas personas en estos tiempos reconocen a Dios como un "dios", y aunque le mencionan a cada momento, no lo hacen de corazón. Veamos estas expresiones:

1-Primero Dios, dicen muchos… Y verdaderamente no es lo primero en sus vidas.

2-Que Dios te bendiga, te dicen… Pero lo hacen mecánicamente y no de corazón.

3-Que Dios te proteja… Y no lo viven en sus propias vidas.

4-Dios es grande, expresan… Y en su propio caminar no lo ven como el Gran Yo Soy.

5-Que Dios te lo pague… Pero ni idea tienen de lo que están diciendo.

Y son tantas frases vanas y repetitivas que no van de acuerdo a la Palabra que está escrita.

¡Qué tristeza! Estamos viviendo en un mundo lleno de adelantos en la comunicación y en casi todas las áreas, pero recuerda; Dios quiere tener un encuentro especial contigo hoy, para que ya no seas un repetidor de expresiones solamente, sino que tengas una relación íntima con Dios.

Y que sea 24-7, o todos los días y a toda hora.

El mundo tiene que reconocer su condición de pecador y la necesidad de recibir la Salvación de su alma.

¿Tú ya lo recibiste en tu corazón?

Si no lo has hecho arrepiéntete de lo alejado que has vivido de Él y pídele perdón por la falta de entendimiento a tu llamado. Y recuerda:

Él quiere rescatarte del pecado.

Él quiere darte esperanza en el dolor.

El quiero protegerte de los que no te aman.

Él quiere proveerte para que ya no sigas mendigando.

Él quiere ofrecerte su apoyo en medio de las crisis.

Él quiere darte la sanidad de tu cuerpo, alma y espíritu.

Él quiere cambiar a tus hijos, a tu esposo y a toda tu familia.

Podíamos seguir escribiendo muchas más promesas de Dios para contigo, pero el primer paso es que reconozcas que la vida que has llevado ha sido desagradable a Él.

Hoy es el día para que vengas a Él y te postres de rodillas, reconociendo que Él es el único que puede ayudarte a renovar tu mente ahora mismo.

Debes recordar que Dios quiere enseñar a cada uno de sus hijos muchas cosas, y que Él se quiere revelar personalmente contigo; que conozcas que Él es Santo y quiere que vivamos una vida de gozo y paz en esta tierra, para ello necesitas disponer tu corazón al cambio, que reconozcas tu condición de pecador(a) y que recibas a su Hijo Jesucristo como El único y suficiente salvador de tu alma.

¿Lo quieres reconocer hoy?

¿Estás cansado(a) de tanto sufrimiento en tu vida?

Más adelante podrás hacer una oración de arrepentimiento y entrega a Dios y, si lo haces, sentirás una verdadera paz en tu corazón.

¡Puedo asegurarte que Él es Todo Poderoso para cambiar tu vida!

Recuerda: Dios es un Dios misericordioso, no te sigas culpando más por lo que hiciste o por lo que no hiciste, olvídate de tu pasado, Él te da vida nueva.

Dice Isaías que después de tener esa maravillosa experiencia de ver su Gloria, ya no fue el mismo; escuchó una voz que le habló y le dijo:

"Después oí la voz del Señor, que decía: ¿A quién enviaré, y quién irá por nosotros? Entonces respondí yo: ¿Heme aquí, envíame a mí?" Isaías 6:8.

No puedes recibir un llamado de Dios sin antes haber tenido un encuentro personal con Él, experiméntalo, es algo único y extraordinario lo que pasará en tu vida.

Si ya lo recibiste y Él mora en tu corazón, ¿qué es lo que te detiene para decir?, como dijo Isaías: "Heme aquí, envíame a mí."

Qué hermoso es decir así: "Sí Señor, envíame a mí y yo atenderé al llamado que tú me hagas. Heme aquí."

Y de verdad que no hay mayor privilegio en este mundo sino ser portador de las buenas nuevas de salvación y predicar su precioso evangelio.

Y este hombre llamado por Dios recibió muchos mensajes: Uno de ellos fue que el pueblo se santificara.

"A Jehová de los ejércitos, a él santificad; sea él vuestro temor, y él sea vuestro miedo." Isaías 8:13.

¿A quién le temes?

¿A tu familia.

A tu cónyuge.

A tus amigos.

A tus hijos.

A tus acusadores.

A tus jefes.

A tus líderes.

A tus vecinos.

A tus clientes.

A tu pastor?

¡Basta ya! Sea a Dios tu temor desde hoy.

Isaías profetizó que venía el reinado del justo Mesías, y que sobre Él reposaría el Espíritu de Jehová:

-Espíritu de sabiduría.

-Espíritu de inteligencia.

-Espíritu de consejo.

-Espíritu de poder.

-Espíritu de conocimiento.

-Espíritu de temor de Jehová.

¡Qué maravilloso!

Tú puedes ser lleno también de estos espíritus que vienen del cielo, para que seas un hombre o una mujer temerosa de Jehová. Y entonces podrás juzgar con justicia a la humanidad entera, lo que está faltando en estos tiempos es el amor verdadero.

Isaías formó un grupo de discípulos y, aunque parecía inútil por la gente pecadora de aquél entonces, llegó a ser un consejero de reyes en esa época.

Qué influencia la que puede lograr un hombre de Dios, cuando es obediente al llamado de Él.

Al final de su vida, cuentan que fue colocado dentro de un árbol que tenía un hueco y que fue aserrado.

¡Qué muerte tan cruel!

Gozoso se fue con el Señor, recibiendo así el premio por haber terminado su carrera en esta tierra.

No hay mayor privilegio que ser recompensados por Dios al final de nuestra vida.

También podemos aprender de este hombre llamado por Dios, que:

II-DIOS PUEDE CONFIAR EN LOS QUE LE TEMEN DE CORAZÓN.

En tiempos difíciles, como los que estamos viviendo, es necesario que quienes han sido llamados por Dios ejerzan su llamado para traer a muchos al reino de Jesucristo y hablarles de ese Redentor, como lo hizo Isaías, que recibía de parte de Dios la revelación directa y hasta hoy gozamos de esta bendita palabra que él recibió sobre nuestro Salvador, el Unigénito Hijo de Dios.

El cuál iba a abrir los ojos de los ciegos.

Iba a sacar a los que estaban en la cárcel.

Y también sacaría de la prisión a los que moraban en tinieblas y sombras de oscuridad.

"Y guiaré a los ciegos por camino que no sabían, les haré andar por sendas que no habían conocido; delante de ellos cambiaré las tinieblas en luz, y lo escabroso en llanura. Estas cosas les haré, y no los desampararé." Isaías 42:16.

¡Qué promesas más gloriosas!

¿Quieres ser un instrumento de Dios?

Para la vida de tu esposo.

Para la vida de tu esposa.

Para la vida de tus hijos.

Para la vida de tus nueras y yernos.

Para tu vecindario.

Para tus compañeros de trabajo.

Para tus jefes.

Para tus amigos.

Para tus tíos, tías, cuñados, y hasta para tus enemigos.

¡Ven hoy a la luz que te da Cristo Jesús!

Isaías fue conocido como un gran intercesor, su inquebrantable fidelidad y humildad a Dios produjo que pudiera ver milagros sobrenaturales que ocurrían cuando él oraba, como en el caso del rey Ezequías, quien cayó enfermo de muerte y fue el profeta Isaías llevándole palabras de parte de Dios:

"Ordena tu casa, porque morirías, y no vivirás."

¡Qué terribles palabras para este rey!

Como lo puede ser para cualquier persona.

Pero este rey empezó a clamar a su Dios y le hizo memoria de cómo se había conducido delante de Él en integridad de corazón y que había hecho las cosas que a Dios le agradaban, mientras que las lágrimas resbalaban por su rostro.

¿Te puedes identificar tú?

Vemos cómo Dios cambia hasta los decretos de Él, para un hombre que se ha consagrado, y vemos que Isaías recibe de nuevo Palabra de Jehová, quien le dio la orden que volviera a este rey y le dijera que había oído la oración de él, que había visto sus lágrimas, y que iba a ser sano, que añadiría a su vida quince años más.

Entonces, el profeta Isaías clamó a Jehová e hizo volver la sombra por los grados que había descendido en el reloj de Acaz, diez grados atrás.

¿No es esto maravilloso?

No se puede comparar con nada en este mundo, cuando un hombre o una mujer se disponen a entregar su vida al Señor y le dicen: "Heme aquí", entonces ocurren cosas grandiosas y extraordinarias en él, ella y en toda la familia.

Pero la gloria siempre tiene que ser para nuestro Señor de señores, debemos aprender de este hombre que Dios llamó, Isaías, que él llevaba siempre a las personas a que conocieran de Dios y no a él mismo.

En ocasiones, los hombres y mujeres que Dios ha llamado en estos tiempos, quieren ser vistos, quieren recibir halagos por sus predicaciones o enseñanzas y olvidan que el único que debe recibir el honor es nuestro Dios, que nosotros seguimos siendo siervos inútiles. Así que deja de decir:

Qué bien prediqué.

Qué bien me miré.

Qué bien enseñé.

Qué bien ministré.

Qué bien tengo organizada mi iglesia.

Y si fuera así, di: Siervo inútil soy, lo que debía haber hecho hice.

Hay tantas cosas que aprender de este hombre, y de la humildad con la que atendió a su llamado, para seguir conociendo las grandes revelaciones que tuvo él. Escudriña este libro profético en la Biblia, que es la Palabra de Dios.

Tu vida ya no será igual, pero antes de ser edificado y entender su Palabra es necesario que le entregues tu vida a Él, da ese paso haciendo esta oración, repite y di:

Padre Celestial que estás en el cielo y en todo lugar, no puedo esconderme de tu presencia. En este día vengo arrepentido(a) por todos mis pecados, te he fallado, quiero que me limpies, te pido perdón, te recibo en mi corazón, como mi único salvador de mi alma, sé que enviaste a tu Hijo Jesucristo a morir por mis pecados y también sé que al tercer día resucitó de los muertos. Escribe mi nombre en el Libro de la Vida, te lo pido en el nombre de Jesucristo. Amén, amén y amén.

Dios, a sus

Santos,

No les

Permite

Ver

Corrupción.

Mary Escamilla
Dra. ❤

La Vid

Es hermosa,

Valiosa y

Bendecida,

La porción

De Heredad

Que Dios

Me ha dado.

Mary Escamilla

Dra.

La Vid

Dios no
Toma los
Nombres
De los que
Hacen
El mal.

Mary Escamilla
Dra.

La Vid

Señor,
Guárdame
Como a la
Niña de
Tus ojos.

Mary Escamilla
Dra.

La Vid

Jesús murió,

Pero resucitó

De entre los

Muertos

Para nuestra

Justificación

Y nos redimió.

Mary Escamilla
Dra. 💙

La Vid

Cuando

Tu Fe

Es grande,

Tu paz

Aumenta.

Mary Escamilla
Dra. ♥

La Vid

El Santo Espíritu

Mora en mí.

La Vid

El sol se confunde

Y la luna se

Avergüenza,

Cuando el cielo

Se oscurezca

En el Día de la Ira.

Mary Escamilla
Dra. ❤

El Señor
Va a dar
Prodigios y
Señales.

Mary Escamilla
Dra. ♥

La Vid

Donde quiera que
Vayas o estés,
Bendice siempre,
No maldigas.

Mary Escamilla
Dra. ♥

Es una falacia
Pensar que,
Sin Dios,
Tú puedes
Ser alguien.

Mary Escamilla
Dra.

La Vid

La influencia
De la Luz que
Dios te da, es
Poderosa en
Las tinieblas
Del mundo.

Mary Escamilla
Dra. ❤

La Vid

Un creyente
No puede
Estar de acuerdo
Ni caminar con
Un incrédulo.

Mary Escamilla
Dra. ♥

La Vid

Amado,

No temas,

Que Dios

Te recogerá

Y te traerá

De cualquier

Punto cardinal

Donde te encuentres.

Mary Escamilla

Dra. ❤

La Vid

Señor, quiero
Caminar contigo
Todos los días
De mi vida.

Mary Escamilla
Dra.

Jeremías

Jeremías 37:21

EL LLAMADO DE JEREMÍAS

Hijo de Hilcías, uno de los grandes profetas, se le conoce como el profeta llorón.

Fue un mensajero elegido por Dios, se dice que tenía una personalidad insegura, pero la voz divina le dijo:

"Antes que te formase en el vientre te conocí, y antes que nacieses te santifiqué, te di por profeta a las naciones." Jeremías 1:5.

Él se sintió incapaz y puso algunas excusas, pero Dios lo alentó dándole promesas.

Luego lo vemos dando palabras de advertencia a los altos oficiales del gobierno de aquella época, por cuarenta años.

Su palabra fue dura y recibió burlas por hablar tan fuerte en su exhortación, no fue fácil. Muchas veces le reprochó a Dios; un día le dijo que preferiría estar muerto, ya que lo pusieron en la cárcel, quemando sus escritos. Pero Dios siempre le recordó que estaría a su lado, él obedeció, fue respaldado por Él y pudo decir:

"Mas Jehová está conmigo como poderoso gigante; por tanto, los que me persiguen tropezarán, y no prevalecerán; serán avergonzados en gran manera, porque no prosperarán; tendrán perpetua confusión que jamás será olvidada." Jeremías 20:11.

Jeremías pudo ejercer su ministerio, porque a su lado estaba el Gran Dios Todopoderoso.

¿Qué podemos aprender de este llamado?

Mucho, que cuando tienes tu llamado, atiéndelo.

I-DIOS, AL QUE LLAMA, LO CAPACITA.

¿Qué excusas le has puesto tú al llamado de Dios en tu vida?

Posiblemente le has dicho:

-Yo no soy capaz.

-Yo no puedo hablar bien.

-Yo no estoy preparado.

Yo no sé nada.

-Yo no tengo tiempo.

Yo no quiero en este tiempo.

-Yo no puedo.

-Yo tengo otro llamado.

Jeremías también puso excusas.

1-He aquí que no sé hablar, porque soy un niño.

Cuántos hemos hecho lo mismo en algún momento de nuestras vidas; nos creemos niños cuando se nos llama a tener una responsabilidad.

El niño piensa como tal y eso mismo estamos haciendo en el hogar; la esposa se queja porque el esposo no le ayuda en nada, él se quiere sentir niño para que lo atiendan, le sirvan y lo cuiden, y los hijos aún adolecentes se creen niños y son rebeldes. Y así hay tantas y tantas excusas.

Pero ya es tiempo de dejar de pensar como un niño, el hombre debe proteger, sostener y ser el que dirige el hogar.

¿Cómo es tu comportamiento en el hogar?

¿Eres en verdad la cabeza, como en el Orden Divino?

Hay esposas que tampoco quieren dejar la niñez, por todo lloran y algunas lo hacen con el propósito que se les conceda lo que ellas quieren, llegando algunas veces fingir, "a hacer teatro". Con eso consiguen la atención del esposo, pero eso es temporal porque no hay verdad.

Si ese es tu caso, hoy es el día de cambiar, Jesucristo ofrece sanarte todas las heridas del alma, Él quiere arrancarte todo aquello que vive dentro de ti que no te hace ser una mujer o un hombre libre, Él quiere ofrecerte su amor.

¡Es incomparable su amistad! ¡Él te ofrece la libertad, acéptalo hoy!

Ya no sigas pensando que eres un niño o que eres una niña, eres un hombre o una mujer adulto(a).

No sigas excusándote, para no tomar responsabilidades en el llamado que tienes.

Como esposo, debes amar a esa mujer como Cristo amó a su iglesia y se entregó a sí mismo por ella.

Como esposa, sujétate a ese hombre que debe cuidarte, obedécele y respétalo, hónralo, sé ejemplo de una buena madre.

Y como hijo, debes obedecer el consejo de tus padres, no importa la edad que tengas, escúchalos porque ellos te aconsejarán con la experiencia que ellos han vivido y, te lo aseguro, su consejo será de beneficio a tu vida.

Jeremías expresó:

"¡Ah, ah, Señor Jehová! He aquí, no sé hablar, porque soy un niño." Jeremías 1:6.

Pero Dios le responde:

"No digas: Soy un niño."

Jeremías quería evadir el llamado que Dios le estaba haciendo.

Posiblemente Él lo está haciendo contigo, has recibido el llamado, pero como Jeremías sigues diciendo que eres un niño.

¿Hasta cuándo vas a madurar? Quita de tus labios esa expresión.

Recuerda:

-Ya no eres un niño, porque has aprendido a caminar.

-Ya no eres un niño, porque te puedes alimentar por sí solo.

-Ya no eres un niño, porque ya puedes hablar.

¡Cuántas cosas más podríamos mencionar! Pero éste es el día en que debes dejar de ser un niño(a) y madurar espiritualmente.

Muchas veces queremos seguir siendo niños porque nos conviene, pero di: ¡Basta ya!

Dejo mi niñez ahora mismo…

Dios reprende a Jeremías y le dice:

"No digas: Soy un niño; porque a todo lo que te envíe irás tú, y dirás todo lo que te mande." Jeremías 1:7.

Así que, ahora mismo, tú no sigas evadiendo las responsabilidades de un adulto creyendo que aún eres un niño(a), Jeremías se había acomodado a evadir responsabilidades.

¿En qué área de tu vida, sientes que aún eres un niño?

1-¿En el área emocional?

¿Sigues siendo ese niño egoísta, que no quiere compartir un juguete o un pan con otro niño?

¿Sigues siendo ese niño al cual le daban todo y por eso, aun ahora de casado, quieres que te hagan lo mismo; que te sirvan y atiendan sólo a ti?

No, no es así, recuerda las palabras del Maestro; venimos a servir y no a ser servidos.

Si éste u otro es tu caso, examina hoy tu corazón y deja de ser ese niño llorón o esa niña llorona.

Los años han pasado, ahora eres un hombre quizá lleno de canas o un adulto inmaduro, por lo tanto, deja de seguir discutiendo por cosas que sólo son para un niño malcriado.

Y a ti mujer, el tiempo ha pasado, deja ya de pensar y actuar como niña. Ya es tiempo de madurar, recuerda siempre que Dios va delante de ti.

2- ¿Es en el área mental de tu niñez?

Tus pensamientos siguen siendo tu problema porque no has madurado y piensas como un niño, la Biblia, la Palabra de Dios, nos exhorta que debemos dejar de pensar y actuar como niños.

Posiblemente en lo financiero es tu problema, te gastas todo el dinero que llega a tus manos sin pensar en el presupuesto de tu hogar y no usas la sabiduría de cómo administrar las finanzas.

Llega a tus manos la bendición, pero no piensas correctamente cómo invertir el dinero y lo siembras en tierra infértil.

Necesitas la intervención divina, Él está dispuesto a bendecirte en tu vida financiera, Él no quiere que tengas deudas y, si ya las tienes, págales a todos los que les debes.

No importa en qué área de tu vida estés siendo un niño(a).

Dios está dispuesto hoy a tocar tu mente y tu corazón y, aunque sientas que la palabra de exhortación es fuerte, es por tu bien. Empieza a pensar como adulto, ya que Él quiere corregir las áreas deficientes en tu vida.

¡Él quiere darte libertad!

A muchas personas sólo les gusta que Dios les hable cosas bonitas y con mucho amor, pero no quieren recibir la exhortación y esa es niñez, no madurez espiritual.

Pero, aunque Dios estaba enviando a Jeremías, no lo envía solo sino antes lo equipa y le promete que estaría a su lado.

Qué promesa más maravillosa, del mismo modo en su Palabra dice que delante de ti:

II-DIOS QUITA TODO TEMOR DE TU VIDA.

"No temas delante de ellos, porque contigo estoy para librarte, dice Jehová." Jeremías 1:8.

Asimismo, el Señor te dice:

No temas ser buen esposo.

No temas ser una excelente esposa.

No temas comportarte como un hijo obediente.

No temas al qué dirán.

No temas a la enfermedad.

No temas a los problemas financieros.

No temas al futuro.

Teme únicamente a Dios y vive en obediencia.

No temas a nada de este mundo, deja de ser cobarde ante lo que se te presente cada día, enfréntalo con fe en Dios.

Dios envió a su Hijo Jesucristo para morir por ti y por mí para perdonarnos todos nuestros pecados, así nos mostró el gran amor que él nos tiene.

No te sientas solo ni te sientas desamparado en esta vida, Dios quiere que cumplas tu llamado en esta tierra, porque no sólo estás aquí para crecer, reproducirte y morir, no.

Él te creó con un propósito porque:

Hay una vida eterna que Él nos ofrece, acéptalo hoy en tu corazón y todo temor se irá de tu vida.

¡Él está para librarte de cualquier circunstancia!

Si es tribulación.

Si es angustia.

Si es dolor.

Si es persecución.

Si son cadenas de amargura.

Si son ataduras.

Si son miedos.

Si es depresión.

Si es pánico.

Si es adicción.

Si es pobreza.

Si es enfermedad.

Si es confusión.

Si es rechazo.

Ven a sus brazos de amor, ¡Él te está esperando!

Jeremías fue rechazado:

1-Por su propia familia.

2-Por los vecinos.

3-Por los propios sacerdotes.

4-Por sus amistades.

5-Por todo el pueblo.

6-Y por los gobernantes.

Dios sostuvo a su siervo y a través de su Palabra fue alimentado espiritualmente, le dio poder para hablar a un pueblo rebelde.

Así que no te desalientes, llena tu corazón de la Palabra de Dios y superarás cualquier trauma del pasado.

¿Qué te impide cumplir el propósito que Dios tiene para tu vida?, eso ya no lo recuerdes, Él borró todo tu pasado, ¿por qué lo sigues recordando tú?

Sigue adelante aunque los más cercanos te llamen loco(a), tú sigue fiel al llamado sin importar que te digan:

Hipócrita.

Religioso.

Mentiroso.

Cobarde.

Y te señalen.

No mires hacia atrás, que Dios quitará todo temor.

Jeremías denunciaba a los gobernantes, a los líderes religiosos, a los profetas falsos, pero lo hacía con la autoridad del cielo.

Ten mucho cuidado, no te atrevas a corregir sin que la presencia de Dios te respalde.

El temor huirá. Vemos a Jeremías enfrentando persecución, él fue puesto en el cepo, también en una cisterna llena de cieno, pero alimentado con el poder de Dios, ejerció su llamado.

¡Un ejemplo para todos!

Este llamado a ser un profeta exhortativo fue difícil, pues hablar de la depravación del corazón del hombre no era fácil, como no lo es en estos tiempos denunciar el pecado, ya que ahora el mundo a lo bueno le llama malo y a lo malo le llama bueno. Hay tantas herejías, tanta confusión en la mente.

¡Hasta dónde ha llegado la humanidad!

Dios es la solución a todos tus problemas.

Sólo Jesucristo es la fuente de vida eterna.

Sólo Jesucristo es el camino.

Sólo Jesucristo es el agua de vida.

Sólo Jesucristo puede perdonar pecados.

Sólo Jesucristo puede darle paz al desalentado.

Sólo Jesucristo puede sanar cualquier enfermedad.

Sólo Jesucristo limpia y liberta.

Dios quiere rescatarte a ti para que sigas el ejemplo de este profeta de Dios. Vamos ahora, Él te respalda.

Él quiere quitar todo el temor que asecha tu vida, pero lo primero es que te arrepientas de todos tus pecados, Él anda buscando obreros que trabajen en su viña, como lo hizo Jeremías, Él quiere verdaderos discípulos.

Dios escogió a Jeremías antes de nacer, trató con su corazón quitándole todo temor a enfrentarse a su llamado.

"Y extendió Jehová su mano y tocó mi boca, y me dijo Jehová:

He aquí he puesto mis palabras en tu boca." Jeremías 1:9.

¡Qué gran privilegio!

Dios quitó el temor, tuvo claro su llamado que era llevar la Palabra viva y cumplió ese compromiso, aun siendo atacado y encarcelado.

Dios quiere hacer lo mismo contigo, ponerte sobre naciones y sobre reinos, como lo hizo con Jeremías para:

-Arrancar y destruir todo lo plantado por el enemigo, en la mente y corazón del hombre.

-Para arruinar y para derribar potestades en los aires que quieren que el hombre sea libre del temor.

-Y así edificar y plantar en la roca firme, que es Cristo el Rey de reyes y Señor de señores.

Así que levántate ahora mismo de tu condición miserable, del estancamiento de creer que aún eres un niño o una niña.

Recuerda, ya no eres un niño(a), ya has crecido, ahora comes alimento sólido, no más leche.

Sal de tu comodidad y empieza a orar, a leer la Palabra de Dios y luego Dios te enviará como mensajero divino, recuerda lo que Él le dijo a Jeremías.

"Tú, pues, ciñe tus lomos, levántate, y háblales todo cuanto te mande; no temas delante de ellos, para que no te haga yo quebrantar delante de ellos.

Porque he aquí que yo te he puesto en este día como ciudad fortificada, como columna de hierro, y como muro de bronce contra toda esta tierra, contra los reyes de Judá, sus príncipes, sus sacerdotes, y el pueblo de la tierra.

Y pelearán contra ti, pero no te vencerán; porque yo estoy contigo, dice Jehová para librarte." Jeremías 1:17-19.

¿Quiénes están peleando contra ti?

¿Son fuerzas ocultas en los aires, que no ves, quizá tu familia que se han vuelto contra ti? Recuerda que si le entregas hoy tu vida a Jesucristo, esas fuerzas del mal quedarán destruidas, si te sientes que ya no puedes seguir adelante, si has perdido la fe y la esperanza, lo único que tienes que hacer hoy es entregarle tu vida completa, dale todas tus cargas, nace verdaderamente de nuevo y recuerda: Si Cristo está a tu lado, no te podrán vencer.

No resistas a este precioso llamado de ser un hijo de Dios y venir a sus pies y pedirle perdón, te invito a hacer esta oración:

Padre Celestial, vengo a ti pidiéndote perdón por todos mis pecados, ya no quiero estar separado de ti, en este día te reconozco como mi único y suficiente salvador de mi alma, quítame toda niñez y lo malo que me separa de ti, escribe mi nombre en el Libro de la Vida, te lo pido en el nombre de Jesucristo. Amén, amén y amén.

La Vid

La oración
Es al Padre,
A través del
Hijo y por
Medio del
Espíritu
Santo.

Mary Escamilla
Dra. ❤

No practiques
El ascetismo,
Mejor haz
Discípulos.

Mary Escamilla
Dra. ♥

La Vid

No seas
Mercenario
Del
Evangelio,
O vendrá
Juicio a tu vida
Y a tu familia.

Mary Escamilla
Dra. ❤

La Vid

La prosperidad
De los necios
E ignorantes,
Los destruye.

Mary Escamilla
Dra. ♥

La Vid

Cristiano:
¿Cómo eres tú,
Liberal u
Obediente?

Mary Escamilla
Dra.

La Vid

No te separes

Nunca de

La cabeza,

Que es Cristo,

Porque

Separados de Él

No podemos estar bien

Y no somos nada.

Mary Escamilla

Dra. ♥

La Vid

Sé tú una
Ofrenda
Agradable
Para Dios
Padre,
Dios Hijo y
Dios Espíritu
Santo.

Mary Escamilla
Dra.

La Vid

Todas las

Pruebas

Son una

Bendición

En mi vida.

Mary Escamilla
Dra. ♥

El Santo Espíritu
De Dios convence
Al mundo de todo
Pecado, para
No cometerlo.

Mary Escamilla
Dra. ♥

La Vid

El verdadero
Discípulo es
Disciplinado,
Puntual y
Justo.

Mary Escamilla
Dra. ♥

La Vid

El rico que no
Es disciplinado,
Sin sabiduría
Se empobrece.

Mary Escamilla
Dra. 🖤

La templanza
Te da paciencia
Y paz.

Mary Escamilla
Dra. ❤

La Vid

El rebelde

No respeta

La disciplina

Y no conoce

La obediencia.

Mary Escamilla
Dra. ♥

La altivez

De los fuertes

La abate Dios.

Mary Escamilla

Dra. ♥

La Vid

¡Atenta Iglesia!
Viene el día
Esperado de Jehová.
¿Estás preparada?

Mary Escamilla
Dra.

Job 1:22

EL LLAMADO DE JOB

La Biblia declara que Job era un hombre justo y perfecto en sus caminos. Luego relata una escena en el cielo, donde Satanás tiene una conversación con Dios, en todo esto Job ignoraba ese plan malvado en contra de él de parte del enemigo, para su familia, sus bienes y posesiones.

La escritura dice que:

"Hubo en la tierra de Uz un varón llamado Job; y era este hombre perfecto y recto, temeroso de Dios y apartado del mal.

Un día vinieron a presentarse delante de Jehová los hijos de Dios, entre los cuales vino también Satanás.

Y dijo Jehová a Satanás: ¿De dónde vienes? Respondiendo Satanás a Jehová, dijo: De rodear la tierra y de andar por ella.

Y Jehová dijo a Satanás: ¿No has considerado a mi siervo Job, que no hay otro como él en la tierra, varón perfecto y recto, temeroso de Dios y apartado del mal?

Respondiendo Satanás a Jehová, dijo: ¿Acaso teme Job a Dios de balde?" Job: 1:1, 6, 9.

Y luego vemos que Satanás insiste en hablar mal de Job, diciéndole a Dios que si le tocaba lo que él poseía, iba a dejar de ser ese hombre justo y blasfemaría contra Él; y Dios le dio permiso que lo hiciera, pero que no tocara su vida.

Y en un solo día, es atacado por el mismo diablo.

Mientras los hijos de Job comían, hacían fiesta y se divertían, vino un hombre a darle las malas noticias.

1- Estaban arando los bueyes, y las asnas paciendo cerca y vinieron unos hombres y mataron a tus siervos a filo de espada.

2- Fuego de Dios cayó del cielo, que quemó las ovejas y a los pastores, y los consumió.

3- Los caldeos vinieron y arremetieron contra los camellos y se los llevaron y mataron a los criados a filo de espada.

4- Tus hijos y tus hijas estaban comiendo y bebiendo vino y un gran viento azotó la casa, la cual cayó sobre ellos y murieron.

¡Ay, qué terrible es imaginar esta última tragedia, comandada por el mismo Satanás!

Sucesivamente así pasa en la mayoría de nosotros cuando hemos perdido a un ser amado, pero si se trata de un hijo es algo peor, un dolor muy grande, ahora todos los hijos de Job habían muerto en un solo instante.

¡Qué tragedia! ¡Qué noticia más desgarradora, para un padre y una madre!

¿Cuál fue la reacción de este padre?

"Entonces Job se levantó, y rasgó su manto, y rasuró su cabeza, y se postró en tierra y adoró." Job 1:20.

¿Cómo? ¡Adoro a Dios!, eso no es algo común en el ser humano normal.

Y dijo:

"Desnudo salí del vientre de mi madre, y desnudo volveré allá. Jehová dio, y Jehová quitó; sea el nombre de Jehová bendito." Job 1:21.

De repente lo pierde todo, propiedades, ganado y lo que más amaba en este mundo, sus hijos. Eso sucedió en tan sólo un día.

¿Cómo? Sí, así como lo lees, la Palabra de Dios nos relata esta terrible historia de un hombre que Dios llamó, para testificarle a todos que sí se puede ser un verdadero hijo de Dios en este mundo lleno de tantas aflicciones, cuando confías plenamente en Él y eres agradecido. En un solo día Job recibe estas terribles noticias, que eran para morirse y para hablar en contra de Dios, pero él no lo hizo. ¡El adoró!

Pero como si esto fuera poco, luego el diablo, al ver que este hombre no habló en contra de Dios sino adoró su nombre, sigue hablando con Dios y le dijo que, si tocaba su cuerpo entonces sí Job iba a blasfemar contra Dios. Y viene y le pone una terrible sarna maligna en su cuerpo, pero Dios siempre está al cuidado de sus verdaderos hijos que le adoran en espíritu y en verdad.

"Y Jehová dijo a Satanás: He aquí, él está en tu mano; mas guarda su vida." Job 2:6.

Esto era para acabarlo a pausas y, con un dolor extremo, tenía que rascarse con un tiesto, (un utensilio de barro).

Del mismo modo, a causa de esto, empieza a ser atacado por la persona que estaba más cerca de él, que era su esposa, y el comportamiento de esta mujer nos deja sin palabras, porque también fue usada por el enemigo de nuestras almas.

Y teniendo al mejor de los maridos, empieza a rechazarlo por la condición en la cual se encontraba, demostrando que no lo amaba de la misma manera como él, esta mujer no había superado el dolor de perder las posesiones y a sus hijos.

Asimismo, hoy en día hay muchas personas que están pasando por pruebas y lloran y lamentan su pasado.

¿Cuánto tiempo llevas tú llorando por situaciones difíciles que no has podido superar? ¿Aún sigues cargando con tu dolor, cuando Dios te ha dado palabras de consolación y las has tenido en poco?

Desecha hoy todo lo que hay en tus sentimientos y que no te ha dejado ser una buena esposa, reconoce tus faltas, Dios te perdona y sana todas las dolencias emocionales y traumas que puedas tener.

¡Suéltalas, déjalas ir, no son tuyas!

Teniendo a Jesucristo en tu corazón todo dolor desaparecerá, tu vida tendrá otro brillo, caminarás en amor y rectitud.

Job amaba con todo su corazón a Dios y eso le dio un balance emocional en los momentos que recibía esas malas noticias y las pruebas que estaba pasando.

En cambio, su esposa, no lo amaba como él la amaba, no aceptó la voluntad de Dios y se llenó de amargura en contra del Todopoderoso, porque tampoco amaba a Dios con todo su corazón.

Así como Job resistió, nosotros lo podemos hacer si ponemos nuestra fe y confianza en el Todopoderoso.

¿Te identificas mujer? ¿Qué amargura llevas en tu corazón que no has superado?

La amargura, porque te dijeron que no te amaban.

La amargura que te causó el divorcio.

La amargura que te dejó la decepción.

La amargura que te dejó la viudez.

La amargura porque lo perdiste todo, propiedades, dinero...

¡No te dejes vencer! ¡Dios está contigo, tú tienes un llamado! ¡Aún es tiempo de la victoria!

Dios es soberano, aprende a amarlo con todo tu corazón.

La esposa de Job se expresó tan mal de Dios y también de su esposo, reprochándole aun del Dios, a quien él servía.

"Entonces le dijo su mujer: ¿Aún retienes tu integridad? Maldice a Dios, y muérete?" Job 2:9.

¿Qué clase de esposa te consideras tú, del 1 al 10?

¿Eres temerosa de Dios, o eres necia y contumaz?

¿Quieres destruir a tu cónyuge, o quieres ayudarlo?

¿Quieres apoyarlo en los malos momentos o no estás dispuesta?

¿Dices amarlo cuando hay dinero, pero en los tiempos de escasez le reclamas y le pides el divorcio?

¿Y cuando está enfermo, lo quieres abandonar?

¿Le recriminas los errores y no exaltas lo bueno que él tiene?

¿Eres Mujer Necia o Mujer Sabia y Entendida?

Esta mujer le pedía a su esposo que maldijera a Dios.

¿Cómo estaría el corazón de esta mujer?... Completamente contaminado.

Y aún algo más grande salió de los labios de su esposa que le dolió tanto a Job, que ella le deseara la muerte.

Qué cosa tan terrible puede salir de los labios de una esposa, viendo el sufrimiento de su esposo, quien le había dado lo mejor como matrimonio.

Sin embargo, la contestación de Job fue llena de amor hacia Dios.

Y él le dijo: Como suele hablar cualquiera de las mujeres fatuas, has hablado. ¿Qué? ¿Recibiremos de Dios el bien, y el mal no lo recibiremos? En todo esto no pecó Job con sus labios." Job 2:10.

¡Examínate hoy a la luz de las Sagradas Escrituras!

Desde hoy entrega todas tus cargas a Dios, Él no te quiere ver cargada ni cansada; por eso envió a su Hijo Amado, siendo el Unigénito, a morir por tus pecados.

¡Reacciona ahora de tu mal proceder y sigue adelante!

Todo es posible con Dios. ¡El dolor se irá!

Los malos recuerdos serán experiencias que bendecirán a otros, y tu corazón estará lleno de amor para tu prójimo.

¡No tardes en venir a sus brazos de amor!

Luego, Job sigue siendo atacado por sus amigos en medio de esa terrible sarna maligna, los cuales empezaron a cuestionar sobre su enfermedad, insinuándole que esa venía a causa de su pecado. Job se defiende en varias oportunidades, afirmándoles que él había llevado una vida agradable a Dios.

Podemos conocer a través del libro de Job, quién es verdaderamente Dios, también la fe no fingida sino verdadera de Job y la gran sabiduría que sólo puede venir del cielo.

¿Qué cosas trágicas has o estás atravesando en tu vida, al igual que Job? ¿Y qué has dicho?

Posiblemente:

Yo no me merecía esto que me pasó.

¿Dónde estaba Dios en ese momento?

¿Dios no existe?

¿Porque a mí?

A través de este llamado podemos entender que Dios nos invita a tener un nivel bien profundo para llegar a conocerlo y así poder tener plena confianza en Él, para poder entender que Dios es el que gobierna este mundo que está lleno de pecado y confundido por la maldad. Pero la mente de Dios es diferente a la tuya. Hay muchas cosas que no puedes entender, pero acepta siempre su voluntad.

Asimismo, los amigos de Job también lo rechazaron porque no tenían ni conocían la sabiduría de Dios, por eso no podían discernir ni interpretar el porqué del sufrimiento de Job.

¿Cómo pudo soportar Job, todas estas calamidades que llegaron a su vida?

Se nutría cada día en la misericordia y en el Dios soberano por excelencia.

Recuerda: Todos tenemos un llamado de Dios en esta tierra y, aunque andemos en valles de sombras de muerte, Él estará con nosotros y después vendrá nuestra recompensa por la fidelidad y el amor hacia Él. ¡Mantente firme y fiel!

II-LIBERACIÓN Y PROSPERIDAD DE JOB.

Job, en medio del dolor, recordaba los tiempos antiguos, la felicidad de su pasado y se ponía a lamentar por la desdicha en la cual se encontraba. No era fácil vivir así, lleno de lepra en todo su cuerpo y sin sus hijos, pero él confió en el Todopoderoso.

Siempre afirmaba en su relación con Dios, que él había sido un hombre íntegro y, aunque su mujer le dijo que no retuviera su integridad, él se mantuvo firme.

Y llegó el momento en que Jehová viene en un torbellino y empieza a hablar con Él.

Qué maravilla de presencia la que sintió Job en ese momento, un privilegio único.

Dios nos quiere convencer a toda la humanidad que, aunque nos creamos sabios, con la sabiduría de este mundo seguiremos siendo ignorantes ante su gran majestad y su gran sabiduría. Y viene a confrontar a Job, diciéndole:

¿Quién es el que oscurece el consejo, con palabras sin sabiduría?

Ahora ciñe como varón tus lomos; yo te preguntaré, y tú me contestarás.

Le hace varias preguntas, en las cuales Job se sentía que no era nada lo que él sabía de Dios.

Muchas veces, con puras preguntas, el Señor nos confronta como lo hacía con los fariseos y publicanos quienes sentían que sabían todo.

¿Cómo se habrá sentido Job al escuchar esta serie de preguntas:

¿Dónde estabas tú cuando yo fundaba la tierra?

¿Quién ordenó sus medidas, lo sabes?

¿Quién extendió sobre ella cordel?

¿Sobre qué están fundadas sus bases?

¿Quién encerró con puertas el mar?

¿Has mandado tú a la mañana en tus días?

¿Has mostrado al alba su lugar?

Como podemos ver el hombre no lo sabe todo. Dios es excelso, Él es la sabiduría.

Por eso… No te creas sabio, según tu propia opinión.

Luego Job se confiesa ante el Soberano y Todopoderoso, y sostiene una plática con Él en la cual él le preguntaría y Dios le contestaría Después algo maravilloso ocurrió.

Dios le quitó la aflicción cuando Job oró por sus amigos, aquellos que lo habían acusado, y aun así clamó por ellos.

¿Quieres que Dios prospere tu vida?

Ora por todos aquellos que te han ofendido de palabra o de hecho y perdónalos; así, del mismo modo que Dios lo ha hecho contigo. Esa es la clave para ser sanos y ser restaurados de nuestra condición de calamidad.

¡Sé humilde, humíllate ante Dios!

Y luego que intercedió por ellos, vinieron a él todos sus hermanos y todas sus hermanas, y todos los que desde antes lo habían conocido y comieron junto a él y le trajeron palabras de consolación y aliento cada uno de ellos, y le trajeron dinero y un anillo de oro.

¿No es esto maravilloso?, estimado lector.

Este hombre, Job, fue llamado por Dios porque fue fiel.

¿En qué situación te encuentras ahora, en este momento?

No importa la condición, Él viene a tu rescate siempre, Él llega a tiempo y fuera de tiempo.

Dios tiene el día para levantarte ante el mundo, como testimonio de su gran poder.

Si estás sufriendo. Sigue confiando… Sigue esperando, porque adelante está la recompensa de tu dolor, de tus aflicciones y de tus enfermedades.

Y termina esta historia, así de maravillosa.

"Y bendijo Jehová el postrer estado de Job más que el primero; porque tuvo catorce mil ovejas, seis mil camellos, mil yuntas de bueyes y mil asnas.

Y tuvo siete hijos y tres hijas." Job 42:12, 13.

No había mujeres tan hermosas como las hijas de Job en toda la tierra, y les dio su padre herencia entre sus hermanos.

Después, Job siguió viviendo en abundancia en todas las áreas, principalmente en la salud, y disfrutó a sus hijos viendo su descendencia hasta la cuarta generación. Y murió él viejo, pero lleno de días y agradecido con Dios por todo.

¿En qué áreas de tu vida estás ahora siendo atacado(a)?:

¿Es en lo físico?, ¿han llegado muchas enfermedades a tu cuerpo?

¿Es en lo emocional?, ¿te sientes que ya no quieres vivir?

¿Es en el área mental?, ¿estás demasiado preocupado(a), por las deudas o por tu familia?

¿Has perdido tu negocio o tu casa, y no hallas qué hacer?

Y por esa causa estás enojado(a) con Dios y has blasfemado como lo hizo la esposa de Job.

¡Ya no sigas sufriendo!, deja que Jesucristo venga a tu auxilio, el enemigo no puede tocar tu alma, si tú eres justificado por Él.

Este hombre que Dios llamó fue justo y vivió una vida recta ante Él y eso significa que: ¡Sí se puede!

Todo lo podemos en Cristo, porque Él nos fortalece en todo momento. Ven ahora a sus brazos de amor y, si le has ofendido, hoy pídele perdón y ríndete a sus pies, siempre aceptando su voluntad.

Quieres recibir en tu corazón al dueño de toda la Sabiduría, del Poder y la Majestad. Y aún más, al dueño absoluto de todo lo que existe, incluyéndote a ti.

Haz una oración de entrega y perdón de tus pecados. Repite:

Padre Celestial, dueño de todo lo que existe, en este día reconozco que soy pecador, quiero pedirte perdón por todos mis pecados, quiero pasar de muerte a vida eterna, escribe mi nombre en el Libro de la Vida, gracias por haber enviado a Jesucristo para que Él muriera por mis pecados, no hay amor más grande que éste, te lo pido en nombre de Él. Amén, amén y amén.

La única

Esperanza

Es Jesús,

El Cristo de

La Gloria.

Mary Escamilla
Dra. ♥

La Vid

Si

Permaneces

En DIOS,

Darás

Mucho

Fruto.

Mary Escamilla
Dra. 💙

Aprende

A tener

Una vida

Espiritual

Productiva.

Mary Escamilla
Dra. 🖤

La Vid

Un verdadero

Hijo de Dios

No pide nada

Prestado,

Porque confía

Plenamente

Que Dios

Le proveerá.

Mary Escamilla
Dra.

La Vid

Procura

Hablar del

Evangelio

Diariamente,

Porque

A eso fuiste

Llamado.

Mary Escamilla
Dra.

La Vid

El deseo de

Mi corazón,

Es que fluya

Más y más

En mi vida,

El Santo

Espíritu

De DIOS.

Mary Escamilla
Dra.

La Vid

Hay muchos
Que creen
Que por
Asistir a
Una iglesia
Son salvos,
Y no conocen
La Palabra.

Mary Escamilla
Dra.

Jesucristo,

Por Gracia,

Salva a

Israel en los

Últimos tiempos.

Mary Escamilla
Dra. ❤

La Vid

El hombre que
No se compromete
Con una sola mujer,
No está en
Dirección Divina.

Mary Escamilla
Dra. ♥

La Vid

Que no te
Enorgullezca
El pecado,
Eso es vanidad.

Mary Escamilla
Dra. ♥

La Vid

El que no tiene

Valor espiritual

Es un pobre,

Aunque sea rico.

Mary Escamilla
Dra. ♥

Dios te colma
Con toda clase
De bendiciones.

Mary Escamilla
Dra. ♥

La Vid

El Señor es
Mi sanador,
Libertador y
Proveedor.

Mary Escamilla
Dra. ♥

La Vid

Amado hermano,
No seas como la
Iglesia de la Odisea.

Mary Escamilla
Dra. ❤

La Vid

Practica lo bueno,
La Sana Doctrina
De Jesucristo.

Mary Escamilla
Dra.

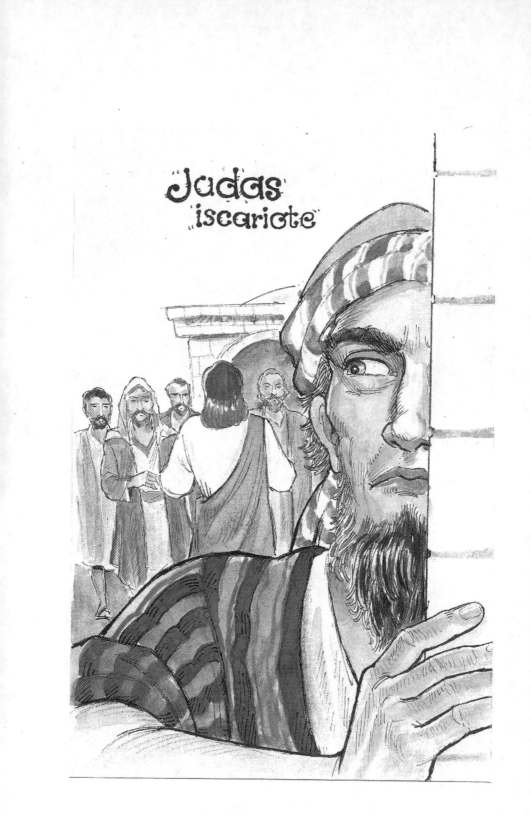

"Judas iscariote"

Juan 12:21-26

EL LLAMADO DE
JUDAS ISCARIOTE

Éste fue un hombre llamado por Dios a través de su Hijo Jesucristo, siendo uno de los doce discípulos. Estuvo junto a Él teniendo el privilegio de ver muchos milagros y también escuchó las enseñanzas maravillosas que Él dio.

Su llamado fue de ser el tesorero, ¡qué gran privilegio!, una posición de confianza la que se le dio.

Hubo varios hombres llamados Judas en esa época, pero a éste se le denominó Judas Iscariote, hijo de Simón, para reconocerlo como el que traicionó a Jesús.

"Hablaba de Judas Iscariote, hijo de Simón; porque éste era el que le iba a entregar, y era uno de los doce." San Juan 6:71.

Muchos se preguntarán, ¿cómo fue llamado por Dios, si este hombre lo iba a traicionar? ¿Por qué no buscó otro hombre fiel para seguirle?

¡Porque estaba escrito, que así sucedería!

Dios es Omnisciente, lo sabe todo y Él hizo esta elección porque en esto había un propósito que más adelante veremos, ya había sido profetizado mucho antes, en la Palabra de Dios y, aunque a muchos les parezca increíble, fue para que se cumpliera la escritura.

"Aun el hombre de mi paz, en quien yo confiaba, el que de mi pan comía,

Alzó contra mí el calcañar." Salmo 41:9.

Jesús sabía desde antes, que este hombre era malo y que lo iba a entregar.

"Jesús les respondió: ¿No os he escogido yo a vosotros los doce, y uno de vosotros es diablo." San Juan 6:70.

De este hombre llamado por Dios, Judas Iscariote, aprenderemos muchas cosas que no debemos hacer, nos hará analizar nuestra propia vida para no ser destruidos en el castigo eterno.

Debemos fidelidad y lealtad ya que posiblemente tu podrás decir; yo soy cristiano, camino con Jesús, predico su Palabra. Tu corazón puede estar lejos de Dios aunque vayas a la iglesia y te congregues, pero no has nacido de nuevo.

¡Un mensaje de alerta para los que han sido llamados por Dios y no han atendido a su llamado!

¿Qué podemos aprender con este llamado? Una de las cosas es que:

I-EL AMOR AL DINERO, ES LA RAÍZ DE TODOS LOS MALES.

Para este hombre lo más importante en esta vida era el dinero, esa raíz lo llevó a traicionar al Maestro de maestros. Así como muchos lo hacen hoy, por el poder y el dinero, se pierden.

¡Qué terrible! ¿Cómo fue capaz de hacer eso?

El amor al dinero es una de las cosas más destructivas en esta tierra, esto te puede hacer reflexionar, ¿dónde está inclinada tu mente y tu corazón? ¿Cuál es tu Dios?

Este hombre fue capaz de robar y se convirtió en traicionero por este mismo mal, amar las cosas de este mundo.

"Entonces uno de los doce, que se llamaba Judas Iscariote, fue a los principales sacerdotes,

y les dijo: ¿Qué me queréis dar, y yo os lo entregaré? Y ellos le asignaron treinta piezas de plata.

Y desde entonces buscaba oportunidad para entregarle." San Mateo 26:14-16.

Este hombre malvado andaba buscando dónde hacer negocios ilícitos por dinero y no le importó ni respetó la vida del Unigénito Hijo de Dios, para venderlo por 30 miserables piezas de plata, traición tan cruel y vergonzosa que lo llevó hasta la misma muerte. ¡Cuidado con tener amor al dinero!

La Palabra de Dios nos dice:

"El que ama el dinero, no se saciará de dinero; y el que ama el mucho tener, no sacará fruto. También esto es vanidad." Eclesiastés 5:10.

Estas palabras fueron dichas por Salomón, un hombre que tuvo las más grandes riquezas sobre esta tierra y llegó a la conclusión que todo eso había sido vanidad.

¿Por qué te afanas tanto en obtener riquezas en esta tierra, si no son duraderas? Debes poner a Dios primero en tu vida y temerle de todo corazón.

¡Ten mucho cuidado! No te conviertas en un Judas Iscariote, por hacer tu Dios el dinero o las riquezas de este mundo.

Este hombre, Judas Iscariote, tenía codicia en su propio corazón y eso le quitó su propia vida.

"Tales son las sendas de todo el que es dado a la codicia,

La cual quita la vida de sus poseedores." Prov. 1:19.

Por si no lo sabías, ¡esto es cosa de vida o muerte!

¿Codicias tú tener dinero, y no te gozas con tu Creador ni le agradeces que haya enviado a su Hijo Unigénito a morir por ti y derramar su preciosa sangre para el perdón de todos tus pecados?

Entonces: ¿Tienes en poco el sacrificio de Jesús, o de verdad valoras su muerte en la Cruz?

Hoy es el día que empieces a buscar de Dios, entrégale toda tu vida a Él y Él té quitara toda codicia, la cual puede destruir tu cuerpo y tu alma, y ser llevado al mismo infierno.

Recuerda siempre que todo lo que tienes le pertenece a Dios, aun tu alma.

No malinterpretes, las riquezas no son malas, sirven de mucho aquí en este mundo, por las finanzas se salvan muchas almas ya que se pueden alcanzar a través de literatura cristiana, los medios masivos, como la televisión y la radio, los medios sociales, o enviar misioneros por todo el mundo.

También sirven para ayudar al necesitado, al que está enfermo al que está desprotegido, y para ayudar al menesteroso, a la viuda y al huérfano.

Recuerda que la Biblia dice: Que el que da al pobre, a Jehová presta.

Pero hay personas que quieren atesorar mucho para ellos mismos y se olvidan que Dios es el que les da la vida y la salud para trabajar.

¿Estás honrando a Dios con el fruto de tu trabajo?

Recuerda: El que le entrega todo su corazón a Dios, no puede ser engañado por el mismo diablo, sino que esta persona da, da y sigue dando para la obra del Señor, para que se siga extendiendo su evangelio por todo el mundo y que las personas conozcan que el Hijo de Dios vino al mundo a rescatarlos de la maldición eterna.

No te confundas, los hombres llamados por Dios tienen que ser bendecidos financieramente para bendecir su obra, pero lo primero es que tienen que ser renovados completamente de su mente y corazón, para evitar que les entre el espíritu inmundo de la codicia.

Recuerda que Dios es el dueño del oro y de la plata y Él es el que te da, de acuerdo a sus riquezas en gloria.

II-LA TRAICIÓN TIENE SUS CONSECUENCIAS.

¡Qué terrible! Este hombre que Dios llamó no fue leal ni fiel al llamado que recibió, era un gran privilegio que no supo apreciar por su codicia y amor al dinero.

Judas Iscariote traicionó al Señor con un beso, fue un descarado, hipócrita y traicionero, como los hay hoy en día entre los hermanos y que están hablando mal de la obra.

Este hombre guardaba en su corazón estos pensamientos, no tenía su mente renovada.

Jesús tuvo a su lado a un hombre traicionero, para dejarnos un mensaje de alerta.

"Habiendo dicho Jesús esto, se conmovió en espíritu, y declaró y dijo:

De cierto, de cierto os digo, que uno de vosotros me va a entregar.

Entonces los discípulos se miraban unos a otros, dudando de quién hablaba." San Juan 13:21, 22.

Porque Él era el Hijo de Dios, el Maestro.

¿Cuántas personas te han traicionado en tu vida? Y lo que duele más es cuando son personas que están más cerca de ti.

Por ejemplo:

El cónyuge.

Los consuegros.

Los hijos.

Los sobrinos.

Los hermanos.

La nuera.

Los primos.

El yerno.

Los cuñados.

Los líderes.

Los compadres.

Los compañeros de trabajo.

Los amigos íntimos.

Hay hombres en la Biblia que experimentaron también la traición de los más cercanos, como lo fue Job. También el Salmista David expresó unas palabras que le dolieron mucho, al decir que no lo había traicionado una persona lejana a él sino uno íntimo, un familiar con el cual él comunicaba sus dulces secretos.

¡Qué dolor más grande se siente cuando se es traicionado!

¿Cómo puedes superar la traición?

1-Primeramente, reconociendo que la maldad existe en las personas y que esos recuerdos no harán ningún bien a tu salud mental y emocional; deséchalos, no los guardes.

2-Por tanto, debemos perdonar toda ofensa porque así lo dijo nuestro Señor Jesucristo, ya que de otra forma no seremos perdonados, lo dijo en la oración modelo.

Perdona hasta 70 veces siete, a los que te ofendan.

Este hombre, Judas Iscariote, siendo un hombre de confianza, fue desleal y fue usado por el mismo diablo habiendo comido en la misma mesa con el Maestro de maestros.

Jesús conociendo el corazón de él le dijo:

"Respondió Jesús: A quien yo diere el pan mojado, aquél es. Y mojando el pan, lo dio a Judas Iscariote hijo de Simón.

Y después del bocado, Satanás entró en él. Entonces Jesús le dijo: Lo que vas a hacer, hazlo más pronto." San Juan 13:26, 27.

Dios es Omnisciente, Él sabe todo, mira cuándo alguien te expresa palabras bonitas, pero por dentro posiblemente te está maldiciendo, eso lo sabe Dios, Él todo lo ve.

Si tú eres una persona hipócrita, arrepiéntete en este momento en el nombre de Jesucristo. Sé siempre leal y agradecido.

Si tú has sido víctima de este tipo de personas, perdona hoy mismo. ¡No es fácil, pero con Jesucristo, lo podrás lograr!

Este hombre recibió el pago de haber entregado al Señor por unas cuantas monedas, pero cuando Jesucristo lo descubrió el remordimiento lo hizo huir. Muchas personas están viviendo de esa manera porque le han hecho mucho mal a otras.

Le han dicho mentiras a su esposo.

Están engañando a su esposa.

Han inventado cosas falsas de personas y familiares.

Han traicionado la confianza de muchos.

Viven confundidos en sus mentes.

Siguen haciendo mal, detrás de las personas.

¡Qué terrible lo que está sucediendo en el mundo de hoy!

¿Sabes qué?: Cercano está el día que las cosas serán descubiertas, es mejor que te arrepientas de todo el mal que hayas provocado, con tu familia primero, con tus compañeros de trabajo, con tus vecinos y en otros lugares más dónde hayas traicionado.

La traición de este hombre lo llevó a sentirse culpable y con remordimiento, pero nunca se arrepintió. Asimismo, hay personas hoy en día que no se arrepienten de todo el mal que han causado, posiblemente provocaron divorcios o divisiones, quizá hay personas que están en la cárcel siendo inocentes, por culpa de su lengua venenosa y su corazón lleno de maldad.

Arrepiéntete y pídele perdón a Dios ahora mismo.

La Palabra de Dios dice:

"¡Ay de aquel hombre por quien el Hijo del Hombre es entregado! Bueno le fuera a ese hombre no haber nacido.

Entonces respondiendo Judas, el que le entregaba, dijo: ¿Soy yo, Maestro? Le dijo: Tú lo has dicho." Mateo 26:24, 25.

Viendo que había sido condenado, fue y devolvió arrepentido las treinta piezas de plata a los principales, sacerdotes y también a los ancianos que le habían pagado por entregar a Jesucristo, se sintió mal porque había entregado sangre inocente; pero a estos hombres no les importó nada y Judas Iscariote les tiró por allá las piezas de plata en el templo, luego buscó un lugar para quitarse la vida, ahorcándose.

Si el Señor te ha llamado a su servicio, es necesario que escrudiñes tu mente y tu corazón bajo la luz de las Sagradas Escrituras, para que lo hagas con un corazón limpio porque estos verán a Dios, dice su Palabra.

Este hombre llamado por Dios no supo valorizar su llamado, ni mucho menos el haber sido elegido como uno de los doce discípulos de Jesucristo.

Muchas son las lecciones que podemos aprender este día de este hombre lleno de codicia, así es que sirvamos con devoción en la posición que Dios nos ha puesto.

Si eres esposo, recuerda eres la cabeza.

Si eres esposa, recuerda; cumple tu llamado a ser sujeta y respetar a tu marido.

Si eres hijo, obedece a tus padres y hónralos.

Si eres un empleado, cumple a cabalidad con tus obligaciones.

Si eres jefe, hazlo con amor y con justicia.

A los padres manda que no sean ásperos con sus hijos y que no los provoquen a ira.

Recuerda en aquel día venidero cuando el Señor te llame a su presencia, estarás delante de ese gran trono donde serás juzgado y habrá muchas sorpresas, no te engañes ni trates de engañar a Dios, Él no puede ser burlado, sus ojos te vigilan todo el tiempo, sabe cómo te comportas en la intimidad de tu vida.

Debes guardarte de aquellas cosas pequeñas en apariencia, pero, que te pueden llevar a perder tu propia salvación.

Jesús mismo nos enseñó a través de su Palabra que en aquel día muchos le dirán: Señor, Señor, ¿no profetizamos en tu nombre, y en tu nombre echamos fuera demonios, y en tu nombre hicimos muchos milagros? Y entonces les dirá: Nunca os conocí; apartaos de mí, hacedores de maldad.

Qué espantoso será ese momento, por eso Dios te está hablando este día para que vengas a Él y le pidas perdón y te arrepientas de todo pecado y forma de vida.

¿Quieres arreglar cuentas hoy con Dios?

Hazlo, no tengas temor, es necesario arrepentirte de todo corazón, para que puedas recibir ese día venidero, la corona de vida eterna que está preparada para todos aquellos que le aman de verdad y hacen su llamado con la lealtad y fidelidad que Él pide.

¿Quieres recibir al salvador de tu alma hoy y cambiar el rumbo de tu vida?

Haz esta oración en este momento y di:

Padre Celestial, te doy gracias por mi vida, por el llamado que he recibido de predicar tu Palabra, quiero pedirte perdón porque he pecado contra ti, me reconcilio contigo este día por no haber valorizado este precioso llamado, dame un nuevo corazón y renueva mi mente, porque quiero ver tu rostro en aquel día y presentarme ante ti como un buen obrero, te lo pido en el nombre poderoso de Jesús mi Salvador, mi Libertador, mi Rey y mi Señor. Amén, amén y amén.

Pido perdón
Por todos
Mis pecados.
Límpiame,
Sáname,
Restáurame y
Prospérame.

Mary Escamilla
Dra. ❤

La Vid

Corre,

Huye de la

Inmoralidad,

Para que

No te alcancen

Las maldiciones.

Mary Escamilla
Dra. ♥

La Vid

Yo vivo confiando
Siempre en Dios
Y le doy gracias por
Sus Bendiciones,
Porque Él me da más
De lo que yo
Le puedo dar.

Mary Escamilla
Dra.

La Vid

Siembra en
Abundancia,
Para que
Coseches
De igual
Manera.

Mary Escamilla
Dra. ♥

La Vid

El Señor
Les da el
100% a
Sus Hijos
Obedientes,
Esa es su
Promesa.

Mary Escamilla
Dra.

La Vid

Por herencia
Y tradición,
En mi vida
Había escasez
Y maldición.
Pero vino
Jesucristo
Y me liberó,
Él rompió
Todo eslabón,
Las cadenas
Fueron rotas
Y hoy le sirvo
A mi Señor.

Mary Escamilla
Dra.

La Vid

El hombre pasivo se

Deja controlar y

Dominar por la mujer,

Lo cual no es un orden.

Mary Escamilla
Dra. ♥

La Vid

El auténtico
Discípulo
No miente,
No defrauda,
No engaña y
Es obediente
A la Palabra.

Mary Escamilla
Dra. ♥

La Vid

Jerusalén es

La Copa para

Todas las naciones.

Mary Escamilla
Dra. ♥

La Vid

Las estrellas

Del alba

Alaban a Dios.

Mary Escamilla
Dra. ♥

La Vid

Dios es
El justo
Juez del
Universo.

Mary Escamilla
Dra. ♥

La Vid

Los miserables

Son muy

Desventurados.

Mary Escamilla
Dra. ♥

Gracias Señor por
Permitirme entrar
Al lugar santísimo,
A tu hermosa presencia.

Mary Escamilla
Dra. ♥

La Vid

Gracias Señor
Todopoderoso,
Por sanar todas
Mis heridas.

Mary Escamilla
Dra.

La Vid

La inseguridad
Del hombre es
Su ignorancia.

Mary Escamilla
Dra.

Mateo

Mateo 5:5

EL LLAMADO DE MATEO

Fue uno de los doce apóstoles de Jesucristo, un recaudador de impuestos. Antes de ser llamado por Jesucristo le llamaban Leví, luego Mateo, que quiere decir: Regalo de Dios.

La Biblia nos dice que él se encontraba ejerciendo su trabajo, cuando fue llamado por Jesús.

"Pasando Jesús de allí, vio a un hombre llamado Mateo, que estaba sentado al banco de los tributos públicos, y le dijo: Sígueme. Y se levantó y le siguió." San Mateo 9:9.

Lo admirable de Mateo que inmediatamente respondió al llamado, sin cuestionar ni decir: ¿Por qué, como, ni cuándo?

Este hombre que Dios llamó era mal visto por los hombres y hasta criticaban a Jesús, y no entendían por qué había sido llamado por Él.

Fue el escritor del primer evangelio en la Biblia, que es la Palabra de Dios, también fue misionero en Etiopía y Persia.

Vemos que Mateo empieza escribiendo en su evangelio, enfocando el cumplimiento del Antiguo Testamento como es la genealogía de Jesucristo, enfatiza a Jesús como el hijo de David, cuando dos ciegos se le acercan pidiendo misericordia. (San Mateo 9:27).

Cuando le fue llevado un endemoniado, la gente atónita decía, preguntándose, ¿Será éste aquel Hijo de David (San Mateo 12:23) y otros pasajes más que hacen esta misma mención.

Por lo tanto, podemos ver que el propósito de Mateo era mostrar a los judíos que Jesús era el Mesías, Él era el Hijo del Altísimo.

Este hombre llamado por Dios sufrió en muchos aspectos, veremos algunos:

I-PORQUE DEJÓ SU PROFESIÓN, PARA SEGUIR AL MAESTRO.

Mateo, como cobrador de impuestos tenía una reputación deshonrosa, ya que trabajaba para el gobierno romano y tenían la fama que ellos se enriquecían recaudando los impuestos del propio pueblo; les cobraban más de lo establecido y ellos se quedaban con la diferencia del dinero recaudado. Por tanto no los quería el pueblo, eran mal vistos y no podían participar en las ceremonias religiosas por su mal proceder.

Pero cuando Jesús pasó por ahí y lo llamó para que le siguiera, él inmediatamente le siguió y, a pesar de la buena vida que llevaba, dejó todo para seguirlo.

¿Has sido llamado por Dios y aún no le has querido seguir?

¿Qué es lo que tienes que dejar?

Mateo dejó su profesión y no le importó de qué iba a vivir, él obedeció al llamado de nuestro Señor Jesucristo.

Es de suponer que hubo cambios en su vida cotidiana, ya no iba a tener los lujos de los cuales él estaba acostumbrado, pero no le importó, el obedeció el llamado de Dios y le siguió. Supo pagar el precio; dejarlo todo para continuar su caminar con el Señor.

Dios te llama hoy para que dejes toda la vida de pecado que no te ha dado la felicidad verdadera, y quiere cambiar toda la vida desordenada en la cual has vivido. Lo primero es obedecerle.

Seguirle significa dejar que el guíe tus pasos, caminar detrás de sus pisadas, aunque no entiendas por qué camino Él te lleve.

A veces hay que dejar a un lado los comentarios de la familia y seguir al Maestro, después verás la recompensa que anhelas; como ver que toda tu familia conozca y siga el buen camino.

Recuerda las palabras de Jesucristo.

"Si alguno quiere venir en pos de mí, niéguese a sí mismo, y tome su cruz, y sígame.

Porque todo el que quiera salvar su vida, la perderá; y todo el que pierda su vida por causa de mí, la hallará." San Mateo 16:24, 25.

Negarse a sí mismo significa renunciar a la propia gloria, a la fama, y dejar que Jesús sea glorificado, también significa no ceder más a los deseos de este mundo y dejarse gobernar por Dios.

Además, Mateo:

II-RECIBIO CRÍTICAS DE LAS PERSONAS Y FUE ODIADO POR MUCHOS.

Mateo, al instante de recibir el llamado de Jesús y dejarlo todo, lo invitó a su casa.

"Aconteció que estando Jesús a la mesa en casa de él, muchos publicanos y pecadores estaban también a la mesa juntamente con Jesús y sus discípulos; porque había muchos que le habían seguido." San Marcos 2:15.

Mateo quedó tan impactado por las enseñanzas de Jesús, que no le importó que hablaran de él, y en su casa se reunieron muchos pecadores que necesitaban oír palabra del cielo.

¿Deseas invitar a Jesús a tu casa?

Primero ábrele las puertas de tu corazón y luego Él llegará para darte esperanza en medio de las tribulaciones que tú estás pasando.

No importa la prueba de fuego que pases, Él te levantará y la victoria te dará siempre.

Habrá un grupo de personas que te harán la vida imposible después de recibir a Jesús en tu corazón, eso no debe importarte; lo importante es atender al llamado del Maestro.

Sólo recuerda que Mateo sufrió críticas de los fariseos y escribas, veamos:

"Y los escribas y los fariseos, viéndole comer con los publicanos y con los pecadores, dijeron a los discípulos: ¿Qué es esto, que él come y bebe con los publicanos y pecadores?" Marcos 2:16.

A Mateo no le importó que el pueblo lo confrontara y criticara haciéndole preguntas con un sentido acusador.

¿Pero por qué no le importó?

Porque cada día, al oír las enseñanzas del Maestro, él se fortalecía en al ver esos milagros poderosos que Él realizaba y aumentaba su fe en el Hijo de Dios.

Cuando hablamos de crítica estamos hablando de un ataque a las cosas que hacemos o que decimos, o sea juzgar y evaluar las cosas a la manera que alguien piensa, eso es fariseísmo, tú no te conviertas en acusador.

Y a la mayoría no nos gusta que critiquen nuestra manera de pensar, nuestra manera de ver las cosas, la manera de actuar, ni las decisiones que muchas veces tomamos.

Las críticas a veces son dolorosas y reaccionamos de forma violenta, pero a veces Dios permite que seamos criticados aun cuando lo hagan sin razón alguna, para que podamos ir madurando en nuestra vida emocional.

Debemos aprender a oírlo todo y retener lo bueno, y si no hay nada bueno ni positivo en una crítica hay que desecharla y no recibir esas palabras si no son para ti.

Muchas personas viven esclavizadas en: "El qué dirán".

No debemos asumir actitudes defensivas cada vez que seamos criticados, sino meditar y después dialogar, si es posible.

Hay críticas que debemos valorar y otras que debemos desechar, aquella que es falsa debemos echarla a la basura y olvidarte de quien la dijo; para que no entre raíz de amargura en tu corazón.

¿Cuántas criticas has recibido a lo largo de tu vida?

Tú dirás Incontables.

No dejemos que la cólera, la ira, y aun la tristeza perturben nuestro nuevo caminar en Cristo.

Así como Mateo, este hombre llamado por Dios, sufrió las críticas del pueblo y Jesús les contestó a estos hombres que empezaron a juzgar su manera de proceder.

Deja que Dios se encargue de dar una respuesta a esas personas que te han criticado y lo siguen haciendo sin razón alguna, el tiempo les dará la respuesta.

"Al oír esto Jesús, les dijo: Los sanos no tienen necesidad de médico, sino los enfermos. No he venido a llamar a justos, sino a pecadores." San Marcos 2:17.

Los que criticaban a Jesús no podían entender el lenguaje del espíritu.

Mateo hizo oídos sordos e ignoró esos comentarios y se enfocó en obedecer y seguir al Maestro, porque atendió al llamado de Dios.

¡Quién podría pensar que Mateo cambiaría!

Desde que Jesús lo llamó se rompieron las ataduras en su vida, este hombre era rico, tenía muchas posesiones y, cuando vio la mirada llena de amor, no pudo negarse en seguirlo pues a su vida le faltaba lo mejor, recibir las riquezas de su poder y que su vida fuera transformada.

Además, dejó los placeres terrenales los cuales disfrutaba y también dejo su profesión, que le dejaba muchas ganancias.

¿Quién lo hizo? ¡Jesús, el Hijo de Dios!

Tú también puedes cambiar de esa vida pecaminosa y de esas ataduras en las cuales el enemigo de tu alma te tiene atrapado, debes saber que no importa hasta dónde hayas caído.

¿Es en el alcoholismo? Hay solución en Cristo Jesús.

¿Son las drogas? Él te puede hacer libre.

¿Es el adulterio? Ríndete a Él y saldrás de esa relación.

¿Es la fornicación? Él te ayudará para que te mantengas puro.

A este hombre llamado por Dios:

II-NO LE IMPORTÓ MORIR POR LA CAUSA DE JESUCRISTO.

Fue martirizado por oponerse al matrimonio del rey de Egipto con su sobrina, y esto le acarreó muchos problemas, algunos dicen que murió decapitado con una espada. ¡Qué tragedia!

Sin embargo, él era un hombre obediente a su llamado.

No era fácil ser un discípulo de Jesucristo en esa época, había una gran oposición, como lo podemos ver en estos tiempos finales que estamos viviendo, donde el pecado ha tomado el control del mundo.

Pensar diferente que otro en cuanto a la santidad de Dios, y ser apartado de una vida engañosa y servir a Dios, es para el mundo ridículo, pero para aquel que ha conocido el evangelio de Jesucristo es poder la salvación.

No te rindas a este mundo, sigue caminando, no desmayes, no te apartes en ningún momento, aunque la presión sea grande.

Mateo es un gran ejemplo de fidelidad, de un cambio completo en su vida, él jamás se imaginó recibir un llamado directo del Señor Jesucristo.

Tú también tienes un llamado que cumplir en esta tierra, no importa lo que eres en el presente, Él quiere transformar toda tu vida y que dejes todo como lo hizo Mateo, hasta terminar su vida siendo un mártir del evangelio poderoso de Jesucristo aquí en la tierra.

El caminar al lado de Jesús le dio fuerza, le dio paz en medio de la adversidad de los últimos momentos de su vida y no claudicó, después de su muerte aún sigue predicando el evangelio completo de Cristo a través de este libro que escribió.

Este llamado de Mateo es tan edificante y se identifica con todos los seres humanos que vivíamos en completa oscuridad buscando ser saciados de las riquezas que ofrece el mundo, pero no lo encontramos, y cuando llega Jesús todo cambia.

Recuerda que las aflicciones que puedas estar atravesando en este momento, son la Cruz que debes seguir cargando cada día y que lo que estás pasando hoy no se compara a lo grandioso que Dios ha preparado para ti y que aún no se ha manifestado todo. Recuerda que es para toda la eternidad.

¡Debes estar a la expectativa!

En 2ª. Corintios 4:17,18 dice:

"Porque esta leve tribulación momentánea produce en nosotros un cada vez más excelente y eterno peso de gloria;

no mirando nosotros las cosas que se ven, sino las que no se ven; pues las cosas que se ven son temporales, pero las que no se ven son eternas."

Eso es lo que mantuvo firme a este hombre llamado por Dios, Mateo no se rindió aun en los últimos momentos de su vida, un ejemplo de un verdadero arrepentimiento, llegando a ser un mártir del evangelio.

¿Deseas tú seguir a Jesucristo y que tu vida sea transformada a tal grado de dejar todo por Él?

Lo podrás lograr únicamente con la ayuda de Él, por eso en este día te invito a que lo recibas en tu corazón, Él te dice como le dijo a Mateo cuando ejercía su profesión de recaudador de impuestos: "Sígueme".

Él ha visto todo el esfuerzo que has hecho en toda tu vida por llegar a ser mejor cada día y aún no lo has logrado, también ha visto todo tu dolor, tus lágrimas, tus anhelos, los deseos más profundos de tu corazón, Él no quiere que sigas de derrota en derrota, por eso hoy quiere que te arrepientas y le pidas perdón y que no sigas caminando en el error, no lo pospongas más, ríndete confesándolo en tu corazón que es el Hijo de Dios y que entre a lo más profundo de tu ser, dile que hoy lo recibes como tú único Señor y Salvador.

Será la mejor decisión de tu vida, repite esta oración:

He sido ministrado con este hombre llamado por Dios, y vengo a tu presencia arrepentido pidiéndote perdón, ya no quiero seguir siendo el mismo o la misma, reconozco que enviaste a tu Unigénito Hijo a morir por mis pecados, te pido que entres a lo más profundo y me hagas un hombre o una mujer diferente, te lo pido en el nombre de Jesucristo. Amén, amén y amén.

Sigue adelante, has hecho la mejor decisión de tu vida, ahora puedes hablar con Dios todos los días a través de la oración; con tus propias palabras dile tus peticiones, háblale, ahora tienes un Padre amoroso que envió a su Hijo Unigénito y ahora Él, después de dar su vida aquí en la tierra, se fue, pero dijo que no nos dejaría huérfanos, que enviaría al Espíritu Santo para que estuviera con nosotros todos los días hasta el fin del mundo.

¡Qué promesa más gloriosa!

También empieza a leer su Palabra, los evangelios son preciosos y Mateo escribió enseñanzas y milagros de su salvador Jesucristo, que darán vida a tu ser interno. Busca también una iglesia de sana doctrina, donde se predique el evangelio poderoso de Jesucristo como está escrito. Y te lo aseguro, serás una persona nueva y transformada por el poder de Él.

El poder en el
Cristiano
Viene por la
Congregación
Y la Santidad.

Mary Escamilla
Dra. ♥

Cristo

Cumplió

Perfectamente

La justicia

De su Padre.

Mary Escamilla
Dra. 🖤

Jesús nos
Regaló su
Justicia en
La Cruz del
Calvario.

Mary Escamilla
Dra. 🖤

La Vid

Señor,

Necesitamos

De tu voz y

Gracia

Todos los

Días.

Mary Escamilla
Dra.

La relación

Perfecta del

Ser humano

Es con Dios.

Mary Escamilla
Dra.

La Vid

No luches
Por la
Justicia
Terrenal,
La verdadera
Viene de
Lo Alto.

Mary Escamilla
Dra.

La Vid

Soy un vaso

Humilde,

Listo y

Esforzado,

Para ser

Usado por Dios.

Mary Escamilla
Dra. 🖤

La Vid

Los hijos

Sabios,

Alegran

Los corazones

De los padres.

Mary Escamilla
Dra. ❤

La Vid

Todos los

Pensamientos

De los impíos

Son pecados.

Mary Escamilla
Dra. ♥

La Vid

Los que se
Apartan del
Camino de la
Sabiduría,
Están muertos
Espiritualmente.

Mary Escamilla
Dra. 🖤

Los altivos,
Suscitan
Contiendas y
Chismes.

Mary Escamilla
Dra. ♥

La Vid

El justo

Vive

Confiando

Diariamente

En Dios.

Mary Escamilla

Dra.

En el Señor,

La iglesia

Debe ser de

Misericordia,

Compañerismo

Y Gracia.

Mary Escamilla
Dra. 🖤

La Vid

La masculinidad
Del hombre, en
Estos tiempos, se
Encuentra en crisis.

Mary Escamilla
Dra. ❤

La Vid

Las crisis del
Hombre son
Los celos.

Mary Escamilla
Dra. ♥

EPÍLOGO

Amados lectores y hermanos en la fe, espero que cada una de las historias bíblicas de Los Hombres que Dios Llamó a servirle ministre su vida y que les inspire a continuar en el camino de Cristo Jesús, porque ustedes, así como yo, somos llamados por Dios para que le sirvamos con integridad y obediencia a su Palabra.

Del mismo modo, les invito a que sigamos predicando el Evangelio de Jesucristo, al cual hemos sido llamados y escogidos desde antes de la fundación del mundo y es un privilegio servir al Señor siempre y dar gracias por el regalo no merecido, la Salvación de tu Alma.

Y si no has recibido a Jesús como tu Salvador personal, te invito a que hagas una oración en este momento y digas: Amado Padre Celestial, gracias por mandar a tu Unigénito Hijo a morir por mí en la Cruz del Calvario para el perdón de mis pecados. Desde ahora te acepto como mi Señor y único Salvador. Escribe mi nombre en el Libro de la Vida. Todo esto te lo pido en el precioso nombre de tu Hijo Jesús. Amén.

Reverenda, Doctora Mary Escamilla.

Printed in the United States
By Bookmasters